ON NE DIT PAS...
MAIS ON DIT...

Éric Forêt
Philippe Houstin
Bruno Leprieur

ON NE DIT PAS… MAIS ON DIT…

MES P'TITS MARABOUT

REMERCIEMENTS TOUT PARTICULIERS AUX ENFANTS ET À…

Aline, Mathieu, Raphaël et Sophie Serreau, Alexandra et Mathieu Leprieur ; Nicolas, Laura et Sabine Houstin ; Max Deleyrolle ; Gabriel, Jeremy et Sylvie Foret, Michel Doucet, Stéphane, Théo et Pascale Voges ; Alexandre Dollé ; Hugo, Mathilde, Emmanuelle et Franck Alcaraz ; Émilie Houillon.

Les uns pour l'enthousiasme qu'ils ont mis à trouver leur petit « on ne dit pas », les autres pour nous avoir démontré, par leurs rires et leur complicité, l'intérêt d'un tel ouvrage…

SOMMAIRE

PRÉFACE

Véritable phénomène de société au même titre que les *Ta Mère*, les *On ne dit pas... mais on dit...* sont en train d'envahir les cours de récréation, Internet et les entreprises !

À l'aube de connaître le succès de ses aînés, cette nouvelle gymnastique cérébrale consiste à transformer – ou à jouer avec – des mots ou des expressions utilisés quotidiennement, de façon à leur donner une toute autre signification ou tout simplement à révéler un sens caché qui ne sautait pas forcément aux yeux.

Drôle et comique, ce savoureux passe-temps joue sur des lapsus, sur des sous-entendus, et sur une dissection syllabique des mots auxquels tout le monde peut s'adonner, et qui confèrent un véritable plaisir orthographique et phonétique.

Les noms et prénoms

On ne dit pas...

c'est alligator

(Ali qu'a tort).

Mais on dit...

c'est Mouloud qui a raison.

On ne dit pas...

cathédrale

(Cath est drale).

Mais on dit...

Cath est marrante.

On ne dit pas...

Hélène Segara

(s'égara).

Mais on dit...

Hélène s'est perdue.

On ne dit pas...

Richelieu

(riche lieu).

Mais on dit...

sympa, la baraque.

On ne dit pas...

l'enjoliveur

(l'ange Oliver).

Mais on dit...

le messager de dieu.

On ne dit pas...

Coco Chanel.

Mais on dit...

une chaîne de télévision communiste.

On ne dit pas...

chasse à courre

(Sacha court).

Mais on dit...

Sacha fait du jogging.

On ne dit pas...

Mathieu

(mate yeux).

Mais on dit...

ophtalmologue.

On ne dit pas...

Yoann

(yo âne).

Mais on dit...

mulet rappeur.

On ne dit pas...

Noël Mamère

(Noël ma mère).

Mais on dit...

Halloween mon père.

On ne dit pas...

une guêpière

(gay pierre).

Mais on dit...

Pierrot l'homo.

On ne dit pas...

Dorothée

(dort au thé).

Mais on dit...

elle a sommeil au goûter.

On ne dit pas...

waterpolo.

Mais on dit...

Paul au petit coin.

On ne dit pas...

Jérôme
(gère home).

Mais on dit...

agent immobilier.

On ne dit pas...

vingt centimes

(Vincent team).

Mais on dit...

l'équipe de Vincent.

On ne dit pas...

Solange

(sot lange).

Mais on dit...

un abruti à couche.

On ne dit pas...

Samson
(sans son).

Mais on dit...

silence.

On ne dit pas...

Fernand
(fer non).

Mais on dit...

acier oui.

On ne dit pas...

René

(renaît).

Mais on dit...

ressuscité.

On ne dit pas...

Eléonore

(elle est au Nord).

Mais on dit...

l'étoile du berger.

On ne dit pas...

Serge

(sert jeux).

Mais on dit...

service.

On ne dit pas...

Médard

(mets dard).

Mais on dit...

baise-moi.

On ne dit pas...

Gepetto

(j'ai pète haut).

Mais on dit...

péter plus haut que son cul.

On ne dit pas...

sushi

(Sue chie).

Mais on dit...

Sue fait caca.

On ne dit pas…

Martiniquais
(Marty niquait).

Mais on dit…

Marty baisait.

On ne dit pas…

Guy Forget.

Mais on dit…

gars oublié.

On ne dit pas...

il habite à l'île Maurice

(Lille, Maurice).

Mais on dit...

Maurice habite près de Tourcoing.

On ne dit pas...

Jean Alesi.

Mais on dit...

vas-y, Jeannot.

Les expressions

On ne dit pas…

donner, c'est donner.

Mais on dit…

repeindre ses volets.

On ne dit pas…

dégâts des eaux

(des gars des eaux).

Mais on dit…

des marins.

On ne dit pas...

prendre un coup de vieux.

Mais on dit...

se faire frapper par un vieillard.

On ne dit pas...

passer à l'heure d'été

(des thés).

Mais on dit...

venir pour le goûter.

On ne dit pas…

un chef de cabinet.

Mais on dit…

une dame pipi.

On ne dit pas…

un empaffé

(an pas fait).

Mais on dit…

l'année prochaine.

On ne dit pas...

le ton monte

(le thon monte).

Mais on dit...

la fille moche prend l'ascenseur.

On ne dit pas...

il fait des courbettes

(cours bêtes).

Mais on dit...

ce prof est nul.

On ne dit pas...

manque de bol.

Mais on dit...

pénurie de récipients.

On ne dit pas...

tant qu'à faire

(tank à faire).

Mais on dit...

char d'assaut à construire.

On ne dit pas...

petits rats de l'opéra.

Mais on dit...

petits rots de l'apéro.

On ne dit pas...

un homme hors pair.

Mais on dit...

un eunuque.

Les coquines

On ne dit pas...

je mastique

(m'astique).

Mais on dit...

je m'en branle.

On ne dit pas...

Godefroy

(Gode froid).

Mais on dit...

vibro glacé.

On ne dit pas...

je suis paniquée

(pas niquée).

Mais on dit...

je cherche un mec.

On ne dit pas...

je suis très sain

(sein).

Mais on dit...

j'aime les gros nichons.

On ne dit pas...

des obsèques

(zobs secs).

Mais on dit...

des peines à jouir.

On ne dit pas...

l'électronique

(l'électro nique).

Mais on dit...

l'électricien fait l'amour.

On ne dit pas...

sexologie.

Mais on dit...

sport en chambre.

On ne dit pas...

un pinailleur
(un pine ailleurs).

Mais on dit...

un mari infidèle.

On ne dit pas...

ironique

(il renique).

Mais on dit...

il refait l'amour.

On ne dit pas...

un dinosaure homosexuel.

Mais on dit...

un tripotanus.

On ne dit pas...

immaculé

(il m'a culé).

Mais on dit...

je me suis fait mettre.

On ne dit pas...

un professeur

(pro fesseur).

Mais on dit...

un amateur de petits culs.

On ne dit pas...

69.

Mais on dit...

poil aux dents.

On ne dit pas...

immatriculée

(il m'a tri culé).

Mais on dit...

il m'a enculé trois fois.

On ne dit pas...

une ravitailleuse

(ravie tailleuse).

Mais on dit...

une suceuse heureuse.

On ne dit pas...

malentendant

(mal en tendant).

Mais on dit...

il a des érections douloureuses.

On ne dit pas...

il s'est élevé à la force du poignet.

Mais on dit...

un branleur.

On ne dit pas...

une tête de nœud.

Mais on dit...

un gland.

On ne dit pas...

Barbie

(bar bi).

Mais on dit...

le café de tous les plaisirs.

On ne dit pas...

un sextant

(sexe tend).

Mais on dit...

une érection.

On ne dit pas...

consensuel

(con sensuel).

Mais on dit...

génitalement attirant.

On ne dit pas...

big band.

Mais on dit...

une grosse raideur.

On ne dit pas...

un pédoncule.

Mais on dit...

un homo dans l'exercice de ses fonctions.

On ne dit pas...

étriqué

(ai triqué).

Mais on dit...

j'ai bandé.

On ne dit pas…

il a enfilé le maillot jaune.

Mais on dit…

il se tape le premier de la course.

On ne dit pas…

il a le vertige

(verte tige).

Mais on dit…

il a un sexe de martien.

On ne dit pas...

servir du thé russe

(d'utérus).

Mais on dit...

offrir son con.

On ne dit pas...

jouer un air de banjo

(bande Jo).

Mais on dit...

Georges se masturbe.

On ne dit pas...

la cravate de notaire

(clerc).

Mais on dit...

la branlette de Claire.

On ne dit pas...

je pagaie

(pas gay).

Mais on dit...

je pas homo.

On ne dit pas...

une biroute.

Mais on dit...

une route à deux voies.

On ne dit pas...

un boulet

(bout laid).

Mais on dit...

un gland moche.

On ne dit pas...

un égocentrique

(Négro sans trique).

Mais on dit...

un homme de couleur émasculé.

On ne dit pas...

un asticot

(astique haut).

Mais on dit...

un branleur des cimes.

Les « poétiques »

On ne dit pas...

il a participé.

Mais on dit...

il est parti pisser.

On ne dit pas...

j'ai vaincu

(20 culs).

Mais on dit...

je suis plurianal.

On ne dit pas...

un suspect

(suce pet).

Mais on dit...

un lèche-prout.

On ne dit pas...

un havre de paix

(havre de pets).

Mais on dit...

la cabane à prout.

On ne dit pas...

démanger.

Mais on dit...

vomir.

On ne dit pas...

barbecue

(barbe cul).

Mais on dit...

poils de cul.

On ne dit pas...

j'ai eu vent de l'affaire.

Mais on dit...

il m'a pété dans l'oreille.

On ne dit pas...

**le processus de paix
est enclenché.**

Mais on dit...

je vais lâcher une caisse.

On ne dit pas...

le petit poucet

(poussait).

Mais on dit...

il était constipé.

On ne dit pas...

il a les cheveux auburn

(aux burnes).

Mais on dit...

il a les cheveux jusqu'aux couilles.

On ne dit pas...

un presbyte

(presse bite).

Mais on dit...

un jean moulant.

On ne dit pas...

des lieux propices

(lieux pro pisse).

Mais on dit...

des W.-C.

On ne dit pas...

bande de cons.

Mais on dit...

serviette hygiénique.

On ne dit pas...

la pistache

(pisse tache).

Mais on dit...

l'urine laisse des auréoles.

On ne dit pas...

un lave-vaisselle

(lave aisselle).

Mais on dit...

un déodorant pour les dessous de bras.

On ne dit pas...

les sirops

(six rots).

Mais on dit...

ro ro ro ro ro ro.

On ne dit pas...

faire des vendanges

(vents d'anges).

Mais on dit...

péter comme un dieu.

On ne dit pas...

un peignoir.

Mais on dit...

prout in the dark.

À table !

On ne dit pas...

peperoni

(Pépère au nid).

Mais on dit...

grand-père à la maison.

On ne dit pas...

le retour du Jedi

(jet d'ail).

Mais on dit...

il a pris une gousse dans la tronche.

On ne dit pas...

popotin

(pop au thym).

Mais on dit...

musique en herbe.

On ne dit pas...

un champ d'ail

(chandail).

Mais on dit...

un pull.

On ne dit pas...

restaurant

(reste au rang).

Mais on dit...

garde ta place dans la file.

On ne dit pas...

patate

(pas tâte).

Mais on dit...

pas toucher.

On ne dit pas...

citron

(six troncs).

Mais on dit...

une demi-douzaine d'arbres.

On ne dit pas...

tequila

(t'es qui, là ?).

Mais on dit...

qui es-tu ?

On ne dit pas…

entériner.

Mais on dit…

foutre la pâtée.

On ne dit pas…

faux départ

(faut des parts).

Mais on dit…

je veux du gâteau.

On ne dit pas...

la pizza *Calzone*.

Mais on dit...

le slip italien.

On ne dit pas...

are you ready ?

Mais on dit...

ail ou radis ?

Géographie

On ne dit pas...

la rade de Brest

(l'Arabe).

Mais on dit...

l'immigré du Finistère.

On ne dit pas...

Calcutta

(quel cul t'as !).

Mais on dit...

quelle chance tu as !

On ne dit pas...

le Massif central.

Mais on dit...

le gros du milieu.

On ne dit pas...

l'Ille-et-Vilaine.

Mais on dit...

l'île peut être mieux.

On ne dit pas...

en vacances à Salonique

(salaud nique).

Mais on dit...

en vacances, l'enfoiré baise.

On ne dit pas...

le Boukistan

(bout qui se tend).

Mais on dit...

le pays des érections faciles.

On ne dit pas...

attention, danger !

(d'Angers).

Mais on dit...

passage d'Angevins.

On ne dit pas...

l'Arabie Saoudite

(c'est où, dites ?).

Mais on dit...

c'est où, l'Arabie ?

On ne dit pas...

je pars en Grèce

(graisse).

Mais on dit...

je grossis.

On ne dit pas...

un Ivoirien

(y voit rien).

Mais on dit...

un aveugle.

On ne dit pas...

décongelé

(des cons gelés).

Mais on dit...

les idiots du pôle Nord.

On ne dit pas...

t'habites à Milan

(bite a 1000 ans).

Mais on dit...

bon anniversaire.

On ne dit pas...

il est népalais

(né pas laid).

Mais on dit...

c'est un beau bébé.

On ne dit pas...

excellent

(ex-Ceylan).

Mais on dit...

Sri Lanka.

On ne dit pas...

les Tchétchènes.

Mais on dit...

les Rurusses.

On ne dit pas...

le Congolais

(con goalait).

Mais on dit...

l'abruti gardait les buts.

On ne dit pas...

Monténégro.

Mais on dit...

après vous,
monsieur l'Ambassadeur.

On ne dit pas...

une Calabraise
(qu'a la braise).

Mais on dit...

une qui a le feu au cul.

Bestiaire

On ne dit pas…

j'ai un perroquet

(père ok).

Mais on dit…

mon papa est d'accord.

On ne dit pas…

un canif.

Mais on dit…

un fien.

On ne dit pas...

polémiquer

(Mickey).

Mais on dit...

Paul et sa souris.

On ne dit pas...

un chihuahua.

Mais on dit...

une crotte de chien.

On ne dit pas...

un aigle

(un naigle).

Mais on dit...

un oiseau de couleur.

On ne dit pas...

acide aminé

(acide à minet).

Mais on dit...

l'ecstasy du chat.

On ne dit pas...

une vie de pacha

(pas chat).

Mais on dit...

une vie de chien.

On ne dit pas...

se faire un flipper.

Mais on dit...

se taper un dauphin.

On ne dit pas...

un poussin

(pou sain).

Mais on dit...

un pou en bonne santé.

On ne dit pas...

les grenouilles coassaient

(quoi c'est ?).

Mais on dit...

c'est quoi les grenouilles ?

On ne dit pas...

un éleveur de cochon.

Mais on dit...

un coach de porc

(côte de porc).

On ne dit pas...

ma moumoute

(mamou mouth).

Mais on dit...

un eléphan-phant.

Les copains d'abord

On ne dit pas...

mon amiral.

Mais on dit...

mon copain rouspète.

On ne dit pas...

pot-au-feu

(pote au feu).

Mais on dit...

un copain pompier.

On ne dit pas...

elle a un potager.

Mais on dit...

elle a un vieux copain.

On ne dit pas...

je tripote.

Mais on dit...

j'ai trois amis.

On ne dit pas...

un salami.

Mais on dit...

un mauvais copain.

On ne dit pas...

laminoir

(l'ami noir).

Mais on dit...

un copain de couleur.

Cons & Co

On ne dit pas...

la connerie

(conne rit).

Mais on dit...

l'idiote s'amuse.

On ne dit pas...

un conquistador

(con qui s'adore).

Mais on dit...

un imbécile narcissique.

On ne dit pas...

enfoiré

(an foiré).

Mais on dit...

une année de perdue.

On ne dit pas...

vieux con.

Mais on dit...

papa.

On ne dit pas...

la concierge.

Mais on dit...

stupide bougie.

On ne dit pas...

un comprimé
(un con primé).

Mais on dit...

le roi des cons.

On ne dit pas...

un turbo compressé.

Mais on dit...

un imbécile qui va vite.

Politesses

On ne dit pas...

tu pues la transpiration.

Mais on dit...

ouaouh, t'as fait vite pour venir !

On ne dit pas...

j'ai méga envie de péter.

Mais on dit...

tu tiens combien
de temps en apnée ?

On ne dit pas...

tu pues de la gueule.

Mais on dit...

tu veux un menthos ?

On ne dit pas...

il est dégueulasse, ton gâteau !

Mais on dit...

eh bien, t'en as fait
pour tout un régiment !

On ne dit pas...

t'as le cul plein de cellulite !

Mais on dit...

ça fait longtemps
que t'as arrêté la danse ?

On ne dit pas...

tu te sens épié.

Mais on dit...

tu devrais changer de chaussettes.

On ne dit pas…

elle est aussi moche
que toi, ta copine ?

Mais on dit…

vous vous êtes rencontrées
dans une soirée à thème ?

On ne dit pas…

beurk, t'as de la moustache !

Mais on dit…

t'as un coté félin, tu sais !

On ne dit pas...

t'as un petit zizi.

Mais on dit...

c'est quoi ton truc
pour faire rire les filles ?

On ne dit pas...

je m'en branle
de ce que tu me racontes.

Mais on dit...

et alors, ça s'est terminé comment ?

On ne dit pas...

merde, v'la l'autre conne...

Mais on dit...

je te fais pas la bise, j'ai la crève.

On ne dit pas...

j'ai très envie de te sauter.

Mais on dit...

un resto, ça te dirait ?

Informatique

(à utiliser avec l'accent belge
de préférence)

On ne dit pas...

serveur de réseau.

Mais on dit...

AbreuvWARE.

On ne dit pas...

logiciel de demande d'augmentation.

Mais on dit...

VatferWARE.

On ne dit pas...

logiciel très compliqué.

Mais on dit...

AssomWARE.

On ne dit pas...

procédure de sortie de logiciel.

Mais on dit...

AureWARE.

On ne dit pas...

logiciel de nettoyage
du disque dur.

Mais on dit...

BaignWARE.

On ne dit pas...

réseau local d'une entreprise.

Mais on dit...

CoulWARE.

On ne dit pas...

poubelle de Windows.

Mais on dit...

DépotWARE.

On ne dit pas...

logiciel filtrant des données.

Mais on dit...

ÉgoutWARE.

On ne dit pas...

logiciel de compression des données.

Mais on dit...

EntonWARE.

On ne dit pas...

logiciel de copie.

Mais on dit...

MirWARE.

On ne dit pas...

logiciel antivirus.

Mais on dit...

MouchWARE.

On ne dit pas...

logiciel de préparation
de discours.

Mais on dit...

OratWARE.

On ne dit pas...

logiciel pour documents en attente.

Mais on dit...

PurgatWARE.

On ne dit pas...

logiciel de démonstration.

Mais on dit...

PromouvWARE.

On ne dit pas...

logiciel d'observation.

Mais on dit...

PromontWARE.

On ne dit pas...

salles informatiques
pas climatisées.

Mais on dit...

RotisWARE.

On ne dit pas...

logiciel de merde.

Mais on dit...

SuppositWARE.

On ne dit pas...

logiciel de classement.

Mais on dit...

TirWARE.

On ne dit pas…

réunion des directrices
de l'informatique.

Mais on dit…

TupperWARE.

Divers

On ne dit pas...

un poète.

Mais on dit...

un klaxon.

On ne dit pas...

deux microbes.

Mais on dit...

un crobe entier.

On ne dit pas...

il manque de calcium.

Mais on dit...

il a un dégât des eaux.

On ne dit pas...

javellisé

(j'avais lisé).

Mais on dit...

j'ai lu.

On ne dit pas...

mélodie en sous-sol

(mets l'Audi).

Mais on dit...

gare la voiture au parking.

On ne dit pas...

il a des C.D.

(décédé).

Mais on dit...

il est mort.

On ne dit pas...

c'est l'Amazone

(c'est là ma zone).

Mais on dit...

c'est là que j'habite.

On ne dit pas...

la maîtresse d'école

(décolle).

On dit...

l'institutrice prend l'avion.

On ne dit pas...

il est chétif

(chez tif).

Mais on dit...

il est chez le coiffeur.

On ne dit pas...

allegro

(allez, gros).

Mais on dit...

vas-y, l'obèse.

On ne dit pas...

incarcéré

(un car serré).

Mais on dit...

un bus bondé.

On ne dit pas...

un paquet de petits-beurre.

Mais on dit...

la bande à Mouloud.

On ne dit pas...

un abricotier

(abri côtier).

Mais on dit...

une petite maison
au bord de la mer.

On ne dit pas...

un parrain

(un par un).

Mais on dit...

chacun son tour.

On ne dit pas...

le gospel

(gosse pèle).

Mais on dit...

l'enfant a un coup de soleil.

On ne dit pas...

un imposteur

(nain posteur).

Mais on dit...

un petit employé de la poste.

On ne dit pas...

un corridor

(corps y dort).

Mais on dit...

un corps se repose.

On ne dit pas...

un malappris.

Mais on dit...

je l'ai su.

On ne dit pas...

défoncer.

Mais on dit...

éclaircir.

On ne dit pas...

Pie VII

(pissette).

Mais on dit...

un pape incontinent.

On ne dit pas...

un videur
(vide heure).

Mais on dit...

un sablier.

On ne dit pas...

demi-lune.

Mais on dit...

lunette.

On ne dit pas...

un étendard

(étang d'arts).

Mais on dit...

une œuvre aquatique.

On ne dit pas...

un aimant

(nez ment).

Mais on dit...

Pinocchio.

On ne dit pas...

un buffet

(but fait).

Mais on dit...

goal oal oal oal !!!!

On ne dit pas...

un camion-citerne

(si terne).

Mais on dit...

un camion sans couleur.

On ne dit pas...

des chaussures noires.

Mais on dit...

des pompes funèbres.

On ne dit pas...

fortuné

(fort tuné).

Mais on dit...

bourré de fric.

On ne dit pas…

l'odyssée de l'espace

(l'Audi, c'est de l'espace).

Mais on dit…

la grande voiture allemande.

On ne dit pas…

un même air

(mémère).

Mais on dit…

musique de vieux.

On ne dit pas...

avoir un beau teint

(un bottin).

Mais on dit...

avoir un annuaire.

On ne dit pas...

la merveille

(la mer veille).

Mais on dit...

l'océan est sur ses gardes.

On ne dit pas...

monde entier

(mon dentier).

Mais on dit...

mes fausses dents.

On ne dit pas...

personne

(père sonne).

Mais on dit...

papa arrive.

On ne dit pas...

samedi

(Ça me dit).

Mais on dit...

d'accord !

On ne dit pas...

métro

(mets trop).

Mais on dit...

oh ouiiiiiiiiii !!!!!!!!!!

On ne dit pas...

le Téléthon

(télé thon).

Mais on dit...

l'émission des moches.

On ne dit pas...

un récipient

(récit puant).

Mais on dit...

l'histoire qui pue.

On ne dit pas...

un sergent

(sert gens).

Mais on dit...

un métro !

On ne dit pas...

intrinsèque

(un train sec).

Mais on dit...

un TGV mouillé.

On ne dit pas...

hideux

(I 2).

Mais on dit...

cassis

(K 6).

On ne dit pas...

un contentieux

(compte en cieux).

Mais on dit...

payer ses dettes au paradis.

On ne dit pas...

un parieur

(pas rieur).

Mais on dit...

un triste.

On ne dit pas...

la fleuriste.

Mais on dit...

la dame de mes pensées.

On ne dit pas...

il ne faut pas se moquer

(smoker).

Mais on dit...

interdit de fumer.

On ne dit pas...

Titeuf

('tite teuf).

Mais on dit...

grosse fête.

On ne dit pas...

un incendie

(nain cendie).

Mais on dit...

un petit feu.

On ne dit pas...

une palourde.

Mais on dit...

une légère.

On ne dit pas...

la camisole

(came isole).

Mais on dit...

la drogue vous rend seul.

On ne dit pas...

prendre au mot

(Omo).

Mais on dit...

attraper un baril de lessive.

On ne dit pas...

un infâme

(un femme).

Mais on dit...

un transsexuel.

On ne dit pas...

un super héros.

Mais on dit...

de la très bonne came.

On ne dit pas...

échafaud.

Mais on dit...

hé, c'est pas vrai !

On ne dit pas...

une omelette sans œuf.

Mais on dit...

omltt.

On ne dit pas...

gémeaux

(j'ai maux).

Mais on dit...

j'ai mal.

On ne dit pas...

l'arène est pleine.

Mais on dit...

la reine est enceinte.

On ne dit pas...

une prise de judo

(prise de jus d'eau).

Mais on dit...

un robinet.

On ne dit pas...

il a roulé sa bosse.

Mais on dit...

il a truandé sa patronne.

On ne dit pas...

abat-jour.

Mais on dit...

ah, bonjour.

On ne dit pas...

Avocat

(A vaut K).

Mais on dit...

B vaut L.

On ne dit pas...

c'est un match interminable

(inter minables).

Mais on dit...

c'est une rencontre entre mauvais joueurs.

On ne dit pas...

un colimaçon.

Mais on dit...

un paquet portugais.

On ne dit pas...

C.D.ROM.

Mais on dit...

ce sont des gens du voyage.

On ne dit pas...

la bonne paëlla.

Mais on dit...

la femme de ménage est partie.

On ne dit pas...

alarmé.

Mais on dit...

a pleuré.

On ne dit pas...

un flocon.

Mais on dit...

un vlaicon.

On ne dit pas...

impeccable.

Mais on dit...

deux peccables.

On ne dit pas...

un petit ami

(petit tamis).

Mais on dit...

une petite raquette de tennis.

On ne dit pas...

je suis halluciné.

Mais on dit...

je suis allé au ciné.

On ne dit pas...

un pivert

(un pis vert).

Mais on dit...

une mamelle d'extraterrestre.

On ne dit pas...

adéquation.

Mais on dit...

y a-t-il des questions ?

On ne dit pas...

un caribou.

Mais on dit...

un bus chouette.

On ne dit pas...

l'empire des sens

(l'empire d'essence).

Mais on dit...

un émirat.

On ne dit pas...

paupière

(pop hier).

Mais on dit...

jazz aujourd'hui.

On ne dit pas...

une erreur judiciaire.

Mais on dit...

une gourre martiale.

On ne dit pas...

un patient.

Mais on dit...

un zentil.

On ne dit pas...

un instant

(un nain se tend).

Mais on dit...

un petit homme fait du stretching.

On ne dit pas...

un tribut.

Mais on dit...

3-0.

On ne dit pas...

un drapeau

(drap peau).

Mais on dit...

un linge du corps.

On ne dit pas...

un préfet

(prêt fait).

Mais on dit...

un crédit accordé.

On ne dit pas...

l'idole des jeunes

(déjeune).

Mais on dit...

Johnny casse la croûte.

On ne dit pas...

papier

(pas pied).

Mais on dit...

je coule !

On ne dit pas...

mine de rien.

Mais on dit...

gisement épuisé.

On ne dit pas...

Marabout
(mare à boue).

Mais on dit...

salaud
(sale eau).

Composition et mise en pages : I.G.S.-C.P.
Imprimé en France par Imprimerie Hérissey
Dépôt légal : 69439 - Mars 2006 - N° 101246
ISBN : 2501-047-01-X – 4096442/02